Colossenses: Um Leitor Visual do Grego Bíblico
CC0 2025 por Sawyer Moranville
Traduzido por Anderson Oliveira
Publicado por Lingua Deo Gloria Publicações
Collegeville, PA 19426

I0541702

Para obter o PDF gratuito, acesse LinguaDeoGloria.com
Texto completo extraído de OpenGNT.com

Design da capa e formatação do livro: Sawyer e Kara Moranville
Ilustrações: Geradas pelo Adobe Photoshop AI e ChatGPT 4o

Lingua Deo Gloria Publicações
ISBN: 979-8-9900032-1-7

BREVE LISTA DE ABREVIAÇÕES E SINAIS

TEMPO
PRES = Presente
IMPF = Imperfeito
AOR = Aoristo
FUT = Futuro
PERF = Perfeito
MQP = Mais que perfeito

NÚMERO
S = Singular
P = Plural

VOZ
ATV = Ativa
MÉD = Média
PAS = Passiva

MODO
IND = Indicativo
SUB = Subjuntivo
IMPV = Imperativo
INF = Infinitivo
OPT = Optativo

PESSOA
1 = Primeira Pessoa
2 = Segunda Pessoa
3 = Terceira Pessoa

CASO
NOM = Nominativo
GEN = Genitivo
DAT = Dativo
ACC = Acusativo
VOC = Vocativo

CLASSE DE PALAVRAS
V = Verbo
N = Substantivo
ADJ = Adjetivo
ADV = Advérbio
INT = Interjeição
PREP = Preposição
PTCP = Particípio
PTCL = Partícula

SINAIS DIVERSOS
Um comando (!)
Uma palavra é derivada de outra palavra similar (>)
Uma palavra que tem o mesmo significado (=)
Uma palavra que tem um significado semelhante (~)
Duas coisas opostas (◄─►)

GÊNERO
M = Masculino
F = Feminino
N = Neutro

ANÁLISE MORFOLÓGICA E NOTAS DE RODAPÉ

Cada palavra que aparece no Novo Testamento Grego (NTG) menos de cinquenta vezes é colocada na parte inferior da página em uma nota de rodapé. Os verbos aparecem com suas formas infinitivas correspondentes. Tanto glosas simples e descontextualizadas quanto análises de verbos e particípios (Tempo, Voz, Modo, Pessoa, Número) também para ajudar no aprendizado e na compreensão dos alunos. Quanto a substantivos e adjetivos suas formas nominativas e singulares foram fornecidas com uma palavra correspondente.

NOTA SOBRE ILUSTRAÇÕES NO TEXTO

As ilustrações frequentemente se relacionam diretamente ao vocábulo que ilustram sem ambiguidade. Entretanto, se uma palavra abstrata ou difícil ocorre no texto e a imagem correspondente permite que a palavra seja interpretada pelo leitor de várias maneiras, eu ponho a definição nas notas de rodapé para maior clareza, de modo que o leitor não precise adivinhar a definição. Como as imagens muitas vezes podem ser interpretadas de várias maneiras, consulte o léxico para ajudar a discernir a correta interpretação das ilustrações.

DICIONÁRIO DE IMAGENS E GLOSSÁRIO

Qualquer palavra que possa ser expressa em forma de imagem, independentemente da frequência com que ocorre no NTG, aparece no dicionário de imagens, mesmo que não apareça nas notas de rodapé do texto. Além disso, somente as palavras que ocorrem menos de cinquenta vezes no NTG serão encontradas no glossário no final desta obra.

AGRADECIMENTOS

Obrigado a Ezra Morley, que forneceu ajuda técnica para a formatação do livro. E por escrever um roteiro para me ajudar a sistematizar alguns trabalhos na produção deste livro, tornando-os mais fáceis e menos demorados. Sua ajuda foi realmente uma dádiva de Deus e me poupou muitas horas de trabalho desnecessário.

Obrigado, Andrew Case, por ter sido a primeira (e única) pessoa a me sugerir que materiais de qualidade em linguagem bíblica deveriam ser oferecidos gratuitamente ao mundo, para refletir o caráter de um Deus gracioso e para servir à Igreja de Jesus Cristo - e especialmente para aqueles que, em algumas partes do mundo, não podem pagar por materiais de estudo bíblico de qualidade e são impedidos por barreiras preventivas de pagamento e direitos autorais. Você faz parte de uma pequena tribo de cristãos que acreditam que essas práticas representam o modelo bíblico para o ministério cristão.

Obrigado, Kara. Eu a louvo e seus filhos se levantarão e a chamarão de abençoada. Sem você, nenhum desses projetos, nos quais passo horas intermináveis, teria se concretizado.

A Deus, que em Sua bondade me ajudou a concluir este projeto em um ano repleto de diagnóstico de câncer, tratamento e muitas doenças familiares.

ΠΡΟΣ ΚΟΛΑΣΣΑΕΙΣ

1 Παῦλος ἀπόστολος Χριστοῦ Ἰησοῦ διὰ θελήματος Θεοῦ καὶ Τιμόθεος[1] ὁ ἀδελφὸς 2 τοῖς ἐν Κολοσσαῖς[2] ἁγίοις καὶ πιστοῖς ἀδελφοῖς ἐν Χριστῷ, χάρις ὑμῖν καὶ εἰρήνη ἀπὸ Θεοῦ Πατρὸς ἡμῶν.

3 Εὐχαριστοῦμεν[3] τῷ Θεῷ Πατρὶ τοῦ Κυρίου ἡμῶν Ἰησοῦ Χριστοῦ πάντοτε[4] περὶ ὑμῶν προσευχόμενοι, 4 ἀκούσαντες τὴν πίστιν ὑμῶν ἐν Χριστῷ Ἰησοῦ καὶ τὴν ἀγάπην ἣν ἔχετε εἰς πάντας τοὺς ἁγίους 5 διὰ τὴν ἐλπίδα τὴν ἀποκειμένην[5] ὑμῖν ἐν τοῖς οὐρανοῖς, ἣν προηκούσατε[6] ἐν τῷ λόγῳ τῆς ἀληθείας τοῦ εὐαγγελίου 6 τοῦ παρόντος[7] εἰς ὑμᾶς, καθὼς καὶ ἐν παντὶ τῷ κόσμῳ ἐστὶν καρποφορούμενον[8] καὶ αὐξανόμενον[9] καθὼς καὶ ἐν ὑμῖν, ἀφ᾽ ἧς ἡμέρας ἠκούσατε καὶ ἐπέγνωτε[10] τὴν

προσεύχεσθαι

εὐχαριστεῖν + DAT:
Εὐχαριστοῦμεν τῷ
Θεῷ

ἀπόκεισθαι

καρποφορεῖσθαι

αὐξάνεσθαι

---

1 Τιμόθεος N NOM MS 'Timóteo'
2 Κολοσσαί N DAT FP 'Colossos'
3 εὐχαριστεῖν PRES ATV IND 1P 'dar graças'
4 πάντοτε ADV 'sempre'
5 ἀπόκεισθαι PRES PAS PTCP ACC F S 'reservar' (um objeto valioso)
6 προακοῦσαι AOR ATV IND 2P 'escutar de antemão'
7 παρεῖναι PRES ATV PTCP GEN N S 'estar presente'
8 καρποφορεῖσθαι PRES MÉD PTCP NOM N S 'dar frutos'
9 αὐξάνεσθαι PRES PAS PTCP NOM S N 'crescer, aumentar'
10 ἐπιγνῶναι AOR ATV IND 2P 'conhecer'

σύνδουλος

ὅς: Ἐπαφρᾶς

αἰτεῖσθαι

ἵνα + SUJ:
ἵνα πληρωθῆτε

περιπατῆσαι:
INF de propósito

χάριν τοῦ Θεοῦ ἐν ἀληθείᾳ· **7** καθὼς ἐμάθετε¹ ἀπὸ Ἐπαφρᾶ² τοῦ ἀγαπητοῦ συνδούλου³ ἡμῶν, ὅς ἐστιν πιστὸς ὑπὲρ ἡμῶν διάκονος⁴ τοῦ Χριστοῦ, **8** ὁ καὶ δηλώσας⁵ ἡμῖν τὴν ὑμῶν ἀγάπην ἐν Πνεύματι.

μαθεῖν

9 Διὰ τοῦτο καὶ ἡμεῖς, ἀφ᾽ ἧς ἡμέρας ἠκούσαμεν, οὐ παυόμεθα⁶ ὑπὲρ ὑμῶν προσευχόμενοι καὶ αἰτούμενοι, ἵνα πληρωθῆτε τὴν ἐπίγνωσιν⁷ τοῦ θελήματος αὐτοῦ ἐν πάσῃ σοφίᾳ καὶ συνέσει⁸ πνευματικῇ,⁹ **10** περιπατῆσαι ἀξίως¹⁰ τοῦ Κυρίου εἰς πᾶσαν ἀρεσκείαν,¹¹ ἐν παντὶ ἔργῳ ἀγαθῷ καρποφοροῦντες καὶ αὐξανόμενοι τῇ ἐπιγνώσει τοῦ Θεοῦ, **11** ἐν πάσῃ δυνάμει δυναμούμενοι¹² κατὰ

1 μαθεῖν AOR ATV IND 2P 'aprender'
2 Ἐπαφρᾶς N GEN MS 'Epafras'
3 σύνδουλος N GEN MS 'conservo, aquele que serve juntamente'
4 διάκονος N NOM MS 'servo, escravo'
5 δηλῶσαι AOR ATV PTCP NOM M S 'revelar, fazer evidente'
6 παύεσθαι PRES MÉD IND 1P 'cessar, parar'
7 ἐπίγνωσις N ACC FS 'conhecimento'
8 σύνεσις N DAT FS 'percepção, compreensão'
9 πνευματικός ADJ DAT FS 'espiritual'
10 ἀξίως ADV 'dignamente'
11 ἀρεσκεία N ACC FS 'agradável'
12 δυναμοῦσθαι PRES PAS PTCP NOM M P 'habilitar'

τὸ κράτος[1] τῆς δόξης αὐτοῦ εἰς πᾶσαν ὑπομονὴν[2] καὶ μακροθυμίαν[3] μετὰ χαρᾶς.

12 Εὐχαριστοῦντες τῷ Πατρὶ τῷ ἱκανώσαντι[4] ὑμᾶς εἰς τὴν μερίδα[5] τοῦ κλήρου[6] τῶν ἁγίων ἐν τῷ φωτί·

κράτος

φῶς ⟷ σκότος

ἐρρύσατο

βασιλεία

ὅς: πατήρ
ᾧ: υἱός

Ὅς: υἱός

13 ὃς ἐρρύσατο[7] ἡμᾶς ἐκ τῆς ἐξουσίας τοῦ σκότους[8] καὶ μετέστησεν[9] εἰς τὴν βασιλείαν τοῦ Υἱοῦ τῆς ἀγάπης αὐτοῦ, **14** ἐν ᾧ ἔχομεν τὴν ἀπολύτρωσιν,[10] τὴν ἄφεσιν[11] τῶν ἁμαρτιῶν·

15 Ὅς ἐστιν εἰκὼν[12] τοῦ Θεοῦ τοῦ ἀοράτου,[13]

εἰκών

ἀόρατος ⟷
ὁρατός

---

1 κράτος N ACC NS 'poder'
2 ὑπομονή N ACC FS 'perseverança'
3 μακροθυμία N ACC FS 'paciência'
4 ἱκανῶσαι AOR ATV PTCP DAT M S 'qualificar, fazer suficiente'
5 μερίς N ACC FS 'parte, porção'
6 κλῆρος N GEN NS 'herança'
7 ῥύσασθαι AOR MÉD IND 3S 'resgatar, livrar'
8 σκότος N GEN NS 'escuridão'
9 μεταστῆσαι AOR ATV IND 3S 'mover, transferir'
10 ἀπολύτρωσις N ACC FS 'redenção'
11 ἄφεσις N ACC FS 'perdão'
12 εἰκών N NOM NS 'imagem'
13 ἀόρατος ADJ GEN MS 'invisível, não visto'

θρόνος

εἴτε... εἴτε...

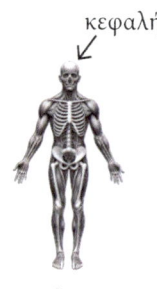

κεφαλή

σῶμα

πρωτότοκος[1] πάσης κτίσεως,[2]

16 ὅτι ἐν αὐτῷ ἐκτίσθη[3] τὰ πάντα

ἐν τοῖς οὐρανοῖς καὶ ἐπὶ τῆς γῆς,

τὰ ὁρατὰ[4] καὶ τὰ ἀόρατα,

εἴτε θρόνοι εἴτε κυριότητες[5]

εἴτε ἀρχαὶ εἴτε ἐξουσίαι·

τὰ πάντα δι᾽ αὐτοῦ καὶ εἰς αὐτὸν ἔκτισται·

17 Καὶ αὐτός ἐστιν πρὸ[6] πάντων

καὶ τὰ πάντα ἐν αὐτῷ συνέστηκεν,[7]

18 καὶ αὐτός ἐστιν ἡ κεφαλὴ τοῦ σώματος τῆς

ἐκκλησίας·

ὅς ἐστιν ἀρχή, πρωτότοκος ἐκ τῶν νεκρῶν,

ἵνα γένηται ἐν πᾶσιν αὐτὸς πρωτεύων,[8]

19 ὅτι ἐν αὐτῷ εὐδόκησεν[9] πᾶν τὸ πλήρωμα[10]

κατοικῆσαι[11]

νεκρός

---

1 πρωτότοκος ADJ NOM MS 'primogênito'
2 κτίσις N GEN FS 'criação'
3 κτισθῆναι AOR PAS IND 3S, 'criar'
4 ὁρατός ADJ NOM NP 'visível'
5 κυριότης N NOM FP 'senhorio, autoridade, domínio'
6 πρό PREP 'antes'
7 συνεστάναι PERF ATV IND 3S 'colocar, estabelecer juntamente'
8 πρωτεύειν PRES ATV PTCP NOM M S 'ser o primeiro, ter preeminência'
9 εὐδοκῆσαι AOR ATV IND 3S 'estar satisfeito, contente'
10 πλήρωμα N NOM NS 'plenitude'
11 κατοικῆσαι AOR ATV INF 'habitar, residir'

20 καὶ δι᾽ αὐτοῦ ἀποκαταλλάξαι¹ τὰ πάντα εἰς αὐτόν,

εἰρηνοποιήσας² διὰ τοῦ αἵματος τοῦ σταυροῦ³ αὐτοῦ,

δι᾽ αὐτοῦ εἴτε τὰ ἐπὶ τῆς γῆς εἴτε τὰ ἐν τοῖς οὐρανοῖς.

21 Καὶ ὑμᾶς ποτε⁴ ὄντας ἀπηλλοτριωμένους⁵ καὶ

ἐχθροὺς⁶ τῇ διανοίᾳ⁷ ἐν τοῖς ἔργοις τοῖς πονηροῖς,

22 νυνὶ⁸ δὲ ἀποκατήλλαξεν ἐν τῷ σώματι τῆς σαρκὸς

αὐτοῦ διὰ τοῦ θανάτου παραστῆσαι⁹ ὑμᾶς ἁγίους καὶ

ἀμώμους¹⁰ καὶ ἀνεγκλήτους¹¹ κατενώπιον¹² αὐτοῦ, **23** εἴ

γε¹³ ἐπιμένετε¹⁴ τῇ πίστει τεθεμελιωμένοι¹⁵ καὶ ἑδραῖοι¹⁶

αἷμα

ποτε… νυνὶ δὲ

σταυρός

ἀπηλλοτρίωσθαι

Construção adverbial temporal:
ὑμᾶς ποτε ὄντας ἀπηλλοτριωμένους καὶ ἐχθροὺς

ἐχθρός

ἐχθρός

ἀποκαταλλάξαι

1 ἀποκαταλλάξαι AOR ATV INF 'reconciliar'
2 εἰρηνοποιῆσαι AOR ATV PTCP NOM M S 'fazer as pazes'
3 σταυρός N GEN MS 'cruz'
4 ποτέ ADV 'uma vez, antigamente'
5 ἀπηλλοτρίωσθαι PERF PAS PTCP ACC M S 'alienar, tornar estranho'
6 ἐχθρός N ACC MP 'inimigo'
7 διάνοια N DAT FS 'mente, disposição'
8 νυνί ADV 'agora'
9 παραστῆσαι AOR ATV INF 'apresentar'
10 ἄμωμος N ACC MP 'sem culpa'
11 ἀνέγκλητος N ACC MP 'acima de censura, irrepreensível'
12 κατενώπιον (+ GEN) PREP 'diante de' (em frente de)
13 γέ PTCL 'de fato'
14 ἐπιμένειν PRES ATV IND 2P 'permanecer, ficar'
15 τεθεμελίσθαι PERF PAS PTCP NOM M P 'estabelecer'
16 ἑδραῖος ADJ NOM MP 'firme, constante'

μὴ ao invés de οὐ com PTCP

οὗ: τοῦ εὐαγγελίου

ἀνταναπληροῦν

οἷς: ἁγίοις

πλοῦτος: θησαυρός

ἀποκεκρύφθαι ⟷ φανερωθῆναι

καὶ μὴ μετακινούμενοι[1] ἀπὸ τῆς ἐλπίδος τοῦ εὐαγγελίου οὗ ἠκούσατε, τοῦ κηρυχθέντος ἐν πάσῃ κτίσει τῇ ὑπὸ τὸν οὐρανόν, οὗ ἐγενόμην ἐγὼ Παῦλος διάκονος. **24** Νῦν χαίρω ἐν τοῖς παθήμασιν[2] ὑπὲρ ὑμῶν καὶ ἀνταναπληρῶ[3] τὰ ὑστερήματα[4] τῶν θλίψεων[5] τοῦ Χριστοῦ ἐν τῇ σαρκί μου ὑπὲρ τοῦ σώματος αὐτοῦ, ὅ ἐστιν ἡ ἐκκλησία, **25** ἧς ἐγενόμην ἐγὼ διάκονος κατὰ τὴν οἰκονομίαν[6] τοῦ Θεοῦ τὴν δοθεῖσάν μοι εἰς ὑμᾶς πληρῶσαι τὸν λόγον τοῦ Θεοῦ, **26** τὸ μυστήριον[7] τὸ ἀποκεκρυμμένον[8] ἀπὸ τῶν αἰώνων καὶ ἀπὸ τῶν γενεῶν[9] — νῦν δὲ ἐφανερώθη[10] τοῖς ἁγίοις αὐτοῦ, **27** οἷς ἠθέλησεν ὁ Θεὸς γνωρίσαι[11] τί τὸ πλοῦτος[12] τῆς δόξης τοῦ μυστηρίου τούτου ἐν τοῖς ἔθνεσιν, ὅ ἐστιν

φανερωθῆναι

---

1 μετακινεῖν PRES PAS PTCP NOM M P 'mover, remover'
2 πάθημα N DAT NP 'sofrimento'
3 ἀνταναπληροῦν PRES ATV IND 1S 'preencher, completar'
4 ὑστέρημα N ACC NP 'falta'
5 θλῖψις N GEN FP 'aflição'
6 οἰκονομία N ACC FS 'planejamento, administração'
7 μυστήριον N ACC NS 'mistério'
8 ἀποκεκρύφθαι PERF PAS PTCP ACC N S 'esconder'
9 γενεά N GEN FP 'geração'
10 φανερωθῆναι AOR PAS IND 3S 'revelar'
11 γνωρίσαι AOR ATV INF 'fazer conhecido'
12 πλοῦτος N ACC NS 'riquezam, abundância'

Χριστὸς ἐν ὑμῖν, ἡ ἐλπὶς τῆς δόξης· **28** ὃν ἡμεῖς καταγγέλλομεν[1] νουθετοῦντες[2] πάντα ἄνθρωπον καὶ διδάσκοντες πάντα ἄνθρωπον ἐν πάσῃ σοφίᾳ, ἵνα παραστήσωμεν πάντα ἄνθρωπον τέλειον[3] ἐν Χριστῷ· **29** Εἰς ὃ καὶ κοπιῶ[4] ἀγωνιζόμενος[5] κατὰ τὴν ἐνέργειαν[6] αὐτοῦ τὴν ἐνεργουμένην[7] ἐν ἐμοὶ ἐν δυνάμει.

καταγγέλλειν

νουθετεῖν

κοπιᾶν

Θέλω + (ACC + INF)
Θέλω ὑμᾶς εἰδέναι

2 Θέλω γὰρ ὑμᾶς εἰδέναι ἡλίκον[8] ἀγῶνα[9] ἔχω ὑπὲρ ὑμῶν καὶ τῶν ἐν Λαοδικείᾳ[10] καὶ ὅσοι οὐχ ἑόρακαν τὸ πρόσωπόν μου ἐν σαρκί, **2** ἵνα παρακληθῶσιν αἱ καρδίαι αὐτῶν συμβιβασθέντες[11] ἐν ἀγάπῃ καὶ εἰς πᾶν πλοῦτος τῆς πληροφορίας[12] τῆς

ἀγωνίζεσθαι > ἀγών

---

1 καταγγέλλειν PRES ATV IND 1P 'proclamar'
2 νουθετεῖν PRES ATV PTCP NOM M P 'admoestar, instruir'
3 τέλειος ADJ ACC MS 'perfeito, completo'
4 κοπιᾶν PRES ATV IND 1S esforço, 'trabalho árduo'
5 ἀγωνίζεσθαι PRES MÉD PTCP NOM M S 'lutar'
6 ἐνέργεια N ACC FS 'energia, disposição'
7 ἐνεργεῖσθαι PRES MÉD PTCP ACC F S 'operar, ser ativo em trabalho'
8 ἡλίκος ADJ ACC MS 'quão grande'
9 ἀγών N ACC MS 'luta'
10 Λαοδίκεια N DAT FS 'Laodicéia'
11 συμβιβασθῆναι AOR PAS PTCP NOM M S 'unir, reconciliar'
12 πληροφορία N GEN FS 'garantia, plena convicção'

μηδείς + SUB
οὐδείς + IND

ἐρριζῶσθαι

περιπατεῖτε!
Βλέπετε!

συνέσεως, εἰς ἐπίγνωσιν τοῦ μυστηρίου τοῦ Θεοῦ, Χριστοῦ, **3** ἐν ᾧ εἰσιν πάντες οἱ θησαυροὶ[1] τῆς σοφίας καὶ γνώσεως[2] ἀπόκρυφοι.[3] **4** Τοῦτο λέγω, ἵνα μηδεὶς ὑμᾶς παραλογίζηται[4] ἐν πιθανολογίᾳ.[5] **5** εἰ γὰρ καὶ τῇ σαρκὶ ἄπειμι,[6] ἀλλὰ τῷ πνεύματι σὺν ὑμῖν εἰμι, χαίρων καὶ βλέπων ὑμῶν τὴν τάξιν[7] καὶ τὸ στερέωμα[8] τῆς εἰς Χριστὸν πίστεως ὑμῶν.

6 Ὡς οὖν παρελάβετε[9] τὸν Χριστὸν Ἰησοῦν τὸν Κύριον, ἐν αὐτῷ περιπατεῖτε, **7** ἐρριζωμένοι[10] καὶ ἐποικοδομού-μενοι[11] ἐν αὐτῷ καὶ βεβαιούμενοι[12] τῇ πίστει καθὼς ἐδιδάχθητε, περισσεύοντες[13] ἐν εὐχαριστίᾳ.[14] **8** Βλέπετε

ἐποικοδομεῖσθαι

---

1 θησαυρός N NOM MP 'tesouro'
2 γνῶσις N GEN FS 'conhecimento'
3 ἀπόκρυφος ADJ NOM MP 'escondido'
4 παραλογίζεσθαι PRES MÉD SUB 3S 'enganar, iludir'
5 πιθανολογία N DAT FS 'discurso persuasivo'
6 ἀπεῖναι PRES ATV IND 1S 'estar ausente'
7 τάξις N ACC FS 'ordem'
8 στερέωμα N ACC MS 'firmeza'
9 παραλαβεῖν AOR ACT INF 'receber, tomar'
10 ἐρριζῶσθαι PERF PAS PTCP NOM M P 'estar firmemente enraizado'
11 ἐποικοδομεῖσθαι PERF PAS PTCP NOM M P 'ser edificado'
12 βεβαιοῦσθαι PERF PAS PTCP NOM M P 'estabelecer, confirmar'
13 περισσεύειν PRES ATV PTCP NOM M P 'abundar'
14 εὐχαριστία N DAT FS 'ação de graças, gratidão'

μή τις ὑμᾶς ἔσται ὁ συλαγωγῶν¹ διὰ τῆς φιλοσοφίας² καὶ κενῆς³ ἀπάτης⁴ κατὰ τὴν παράδοσιν⁵ τῶν ἀνθρώπων, κατὰ τὰ στοιχεῖα⁶ τοῦ κόσμου καὶ οὐ κατὰ Χριστόν·

συλαγωγεῖν

ἐστὲ ...
πεπληρωμένοι

ὅς: Χριστός
ἐν ᾧ: ἐν Χριστῷ

περιτομή ⟷
ἀκροβυστία

9 ὅτι ἐν αὐτῷ κατοικεῖ πᾶν τὸ πλήρωμα τῆς Θεότητος⁷ σωματικῶς,⁸ 10 καὶ ἐστὲ ἐν αὐτῷ πεπληρωμένοι, ὅς ἐστιν ἡ κεφαλὴ πάσης ἀρχῆς καὶ ἐξουσίας. 11 ἐν ᾧ καὶ περιετμήθητε⁹ περιτομῇ¹⁰ ἀχειροποιήτῳ¹¹ ἐν τῇ ἀπεκδύσει¹² τοῦ σώματος τῆς σαρκός, ἐν τῇ περιτομῇ τοῦ Χριστοῦ, 12 συνταφέντες¹³ αὐτῷ ἐν τῷ βαπτισμῷ,¹⁴ ἐν ᾧ καὶ συνηγέρθητε¹⁵ διὰ τῆς πίστεως τῆς ἐνεργείας

ἀπέκδυσις

συνταφῆναι

---

1 συλαγωγεῖν PRES ATV PTCP NOM M S 'levar cativo'
2 φιλοσοφία N GEN FS 'filosofia'
3 κενός ADJ GEN FS 'vazio, fútil'
4 ἀπάτη N GEN FS 'engano'
5 παράδοσις N ACC FS 'tradição'
6 στοιχεῖον N ACC NP 'elementos, espíritos elementares'
7 θεότης N GEN FS 'divindade'
8 σωματικῶς ADV 'relacionado ao corpo, corporalmente'
9 περιτμηθῆναι AOR PAS IND 2P 'circuncidar'
10 περιτομή N DAT FS 'circuncisão'
11 ἀχειροποίητος ADJ DAT FS 'não feito à mão'
12 ἀπέκδυσις N DAT FS 'remoção, despimento'
13 συνταφῆναι AOR PAS PTCP NOM M P 'enterrar com'
14 βαπτισμός N DAT NS 'mergulho, imersão' (uma cerimônia religiosa formal)
15 συνεγερθῆναι AOR PAS IND 2P 'ser erguido juntamente' (ressucitar com)

ὑμᾶς νεκροὺς ὄντας:
Uma construção
temporal adverbial

τοῦ Θεοῦ τοῦ ἐγείραντος αὐτὸν ἐκ νεκρῶν· **13** Καὶ ὑμᾶς νεκροὺς ὄντας ἐν τοῖς παραπτώμασιν[1] καὶ τῇ ἀκροβυστίᾳ[2] τῆς σαρκὸς ὑμῶν, συνεζωοποίησεν[3] ὑμᾶς σὺν αὐτῷ, χαρισάμενος[4] ἡμῖν πάντα τὰ παραπτώματα. **14** ἐξαλείψας[5] τὸ καθ᾽ ἡμῶν χειρόγραφον[6] τοῖς δόγμασιν[7] ὃ ἦν ὑπεναντίον[8] ἡμῖν, καὶ αὐτὸ ἦρκεν

ἐξαλείψαι

προσηλῶσαι

θριαμβεῦσαι

Μὴ κρινέτω!

ἐκ τοῦ μέσου προσηλώσας[9] αὐτὸ τῷ σταυρῷ· **15** ἀπεκδυσάμενος[10] τὰς ἀρχὰς καὶ τὰς ἐξουσίας ἐδειγμάτισεν[11] ἐν παρρησίᾳ,[12] θριαμβεύσας[13] αὐτοὺς ἐν αὐτῷ. **16** Μὴ οὖν τις ὑμᾶς κρινέτω ἐν βρώσει[14] καὶ ἐν

---

1 παράπτωμα N DAT NP 'pecado, transgressão'
2 ἀκροβυστία N DAT FS 'incircuncisão'
3 συζωοποιῆσαι AOR ATV IND 3S 'fazer vivo junto com'
4 χαρίσασθαι AOR MÉD PTCP NOM M S 'perdoar, mostrar perdão'
5 ἐξαλείψαι AOR ATV PTCP NOM M S 'limpar, destruir'
6 χειρόγραφον N ACC NS 'registro de dívidas'
7 δόγμα N DAT NP 'decreto, ordenança'
8 ὑπεναντίος ADJ NOM NS 'oposto, hostil'
9 προσηλῶσαι AOR ATV PTCP NOM M S 'pregar, fixar'
10 ἀπεκδύσασθαι AOR MÉD PTCP NOM M S 'desarmar, despojar'
11 δειγματίσαι AOR ATV IND 3S 'fazer exibição, expor como exemplo'
12 παρρησία N DAT FS 'confiança, bravura'
13 θριαμβεῦσαι AOR ATV PTCP NOM M S 'triunfar sobre' (liderar em procissão triunfal)
14 βρῶσις N DAT FS 'comida'

10

πόσει[1] ἢ ἐν μέρει[2] ἑορτῆς[3] ἢ νεομηνίας[4] ἢ σαββάτων·
17 ἅ ἐστιν σκιὰ[5] τῶν μελλόντων, τὸ δὲ σῶμα τοῦ
Χριστοῦ. **18** μηδεὶς ὑμᾶς καταβραβευέτω[6] θέλων ἐν
ταπεινοφροσύνῃ[7] καὶ θρησκείᾳ[8] τῶν ἀγγέλων, ἃ
ἑόρακεν ἐμβατεύων,[9] εἰκῇ[10] φυσιούμενος[11] ὑπὸ τοῦ

ταπεινοφροσύνη
⬌ φυσιοῦν

φυσιοῦν

νοὸς[12] τῆς σαρκὸς αὐτοῦ, **19** καὶ οὐ κρατῶν[13] τὴν
Κεφαλήν, ἐξ οὗ πᾶν τὸ σῶμα διὰ τῶν ἁφῶν[14] καὶ
συνδέσμων[15] ἐπιχορηγούμενον[16] καὶ συμβιβαζόμενον
αὔξει τὴν αὔξησιν[17] τοῦ Θεοῦ. **20** Εἰ ἀπεθάνετε σὺν
Χριστῷ ἀπὸ τῶν στοιχείων τοῦ κόσμου, τί ὡς ζῶντες ἐν

κρατεῖν

τί...? Por que...?

---

1 πόσις N DAT FS 'bebida'
2 μέρος N DAT NS 'parte, categoria'
3 ἑορτή N GEN FS 'festa, festival'
4 νεομηνία N GEN FS 'lua nova'
5 σκιά N NOM FS 'sombra'
6 καταβραβεύειν PRES ATV IMP 3S 'condenar'
7 ταπεινοφροσύνη N DAT FS 'humildade'
8 θρησκεία N DAT FS 'religião, adoração'
9 ἐμβατεύειν PRES ATV PTCP NOM M S 'entrar em detalhes'
10 εἰκῇ ADJ 'sem propósito, sem causa'
11 φυσιοῦν PRES PAS PTCP NOM M S 'fazer orgulhoso, inchar'
12 νοῦς N GEN NS 'mente'
13 κρατεῖν PRES ATV PTCP NOM M S 'posse, retenção'
14 ἁφή N GEN FP 'ligamento'
15 σύνδεσμος N GEN MP 'vínculo, algema'
16 ἐπιχορηγεῖσθαι PRES PAS PTCP NOM N S 'suprir'
17 αὔξησις 'crescimento'

11

Μὴ... μηδὲ... μηδὲ

ἅψασθαι: θιγεῖν
Μὴ ἅψῃ! Μὴ θίγῃς!

γεύσασθαι
Μὴ γεύσῃ!

ἅτινά: τὰ ἐντάλματα καὶ διδασκαλίας τῶν ἀνθρώπων

φρονεῖτε!
μὴ . . . (φρονεῖτε!)
ΙΜΡ Negativo implícito

κόσμῳ δογματίζεσθε;[1] **21** Μὴ ἅψῃ[2] μηδὲ γεύσῃ[3] μηδὲ θίγῃς,[4] **22** ἅ ἐστιν πάντα εἰς φθορὰν[5] τῇ ἀποχρήσει,[6] κατὰ τὰ ἐντάλματα[7] καὶ διδασκαλίας[8] τῶν ἀνθρώπων, **23** ἅτινά ἐστιν λόγον μὲν ἔχοντα σοφίας ἐν ἐθελοθρησκίᾳ[9] καὶ ταπεινοφροσύνῃ καὶ ἀφειδίᾳ[10] σώματος, οὐκ ἐν τιμῇ τινι πρὸς πλησμονὴν[11] τῆς σαρκός.

3 Εἰ οὖν συνηγέρθητε τῷ Χριστῷ, τὰ ἄνω[12] ζητεῖτε, οὗ[13] ὁ Χριστός ἐστιν ἐν δεξιᾷ τοῦ Θεοῦ καθήμενος· **2** τὰ ἄνω φρονεῖτε,[14] μὴ τὰ ἐπὶ τῆς γῆς. **3** ἀπεθάνετε γὰρ καὶ ἡ ζωὴ ὑμῶν κέκρυπται[15] σὺν τῷ Χριστῷ ἐν τῷ Θεῷ·

φρονεῖν

---

1 δογματίζεσθαι PRES PAS IND 2P 'se sujeitar'
2 ἅψασθαι AOR MÉD SUB 2S 'tocar, manusear'
3 γεύσασθαι AOR MÉD SUB 2S 'provar' (comida, bebida)
4 θιγεῖν AOR ATV SUB 2S 'tocar'
5 φθορά 'corrupção, destruição'
6 ἀπόχρησις 'consumo, esgotamento'
7 ἔνταλμα 'mandamento'
8 διδασκαλία 'instrução'
9 ἐθελοθρησκία 'religião autônoma, adoração de si mesmo'
10 ἀφειδία 'tratamento sem piedade'
11 πλησμονή 'indulgência, satisfação'
12 ἄνω 'acima'
13 οὗ 'onde'
14 φρονεῖν PRES ATV IMP 2P 'pensar, racionar de certa maneira'
15 κεκρύφθαι PERF PAS IND 3S 'esconder'

4 ὅταν ὁ Χριστὸς φανερωθῇ, ἡ ζωὴ ὑμῶν, τότε καὶ ὑμεῖς σὺν αὐτῷ φανερωθήσεσθε ἐν δόξῃ.

5 Νεκρώσατε[1] οὖν τὰ μέλη[2] τὰ ἐπὶ τῆς γῆς, πορνείαν[3] ἀκαθαρσίαν[4] πάθος[5] ἐπιθυμίαν[6] κακήν, καὶ τὴν πλεονεξίαν,[7] ἥτις ἐστὶν εἰδωλολατρία,[8] **6** δι᾽ ἃ ἔρχεται ἡ ὀργὴ[9] τοῦ Θεοῦ ἐπὶ τοὺς υἱοὺς τῆς ἀπειθείας.[10] **7** ἐν οἷς καὶ ὑμεῖς περιεπατήσατέ ποτε, ὅτε ἐζῆτε ἐν τούτοις· **8** νυνὶ δὲ ἀπόθεσθε[11] καὶ ὑμεῖς τὰ πάντα, ὀργήν, θυμόν,[12] κακίαν,[13] βλασφημίαν,[14] αἰσχρολογίαν[15] ἐκ τοῦ στόματος ὑμῶν· **9** Μὴ ψεύδεσθε[16] εἰς ἀλλήλους, ἀπεκδυσάμενοι

ὀργή: θυμός

Νεκρώσατε!

ὅταν + SUB

ἥτις: πλεονεξία

ἃ: πορνείαν ἀκαθαρσίαν...

ποτε . . . νυνὶ

ἀπόθεσθε!

Μὴ ψεύδεσθε!

---

1 νεκρῶσαι AOR ATV IMP 2P 'matar'
2 μέλος 'membro'
3 πορνεία 'imoralidade sexual'
4 ἀκαθαρσία 'impureza'
5 πάθος 'paixão'
6 ἐπιθυμία 'desejo, anelo'
7 πλεονεξία 'ganância'
8 εἰδωλολατρία 'idolatria'
9 ὀργή 'ira'
10 ἀπείθεια 'desobediência'
11 ἀποθέσθαι AOR MÉD IMP 2P 'afastar, colocar de lado'
12 θυμός 'raiva'
13 κακία 'maldade, malícia'
14 βλασφημία 'blasfêmia'
15 αἰσχρολογία 'linguagem chula, discurso obsceno'
16 ψεύδεσθαι PRES MÉD IMP 2P 'mentir'

ψεύδεσθαι

τὸν παλαιὸν[1] ἄνθρωπον σὺν ταῖς πράξεσιν[2] αὐτοῦ **10** καὶ ἐνδυσάμενοι[3] τὸν νέον[4] τὸν ἀνακαινούμενον[5] εἰς ἐπίγνωσιν κατ᾽ εἰκόνα τοῦ κτίσαντος[6] αὐτόν, **11** ὅπου οὐκ ἔνι[7] Ἕλλην[8] καὶ Ἰουδαῖος, περιτομὴ καὶ ἀκροβυστία, βάρβαρος,[9] Σκύθης,[10] δοῦλος, ἐλεύθερος,[11] ἀλλὰ τὰ πάντα καὶ ἐν πᾶσιν Χριστός.

12 Ἐνδύσασθε οὖν, ὡς ἐκλεκτοὶ[12] τοῦ Θεοῦ ἅγιοι καὶ ἠγαπημένοι, σπλάγχνα[13] οἰκτιρμοῦ[14] χρηστότητα[15] ταπεινοφροσύνην πραΰτητα[16] μακροθυμίαν, **13** ἀνεχόμενοι[17] ἀλλήλων καὶ χαριζόμενοι ἑαυτοῖς ἐὰν

νέος ⟷ παλαιός

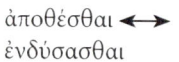

ἀποθέσθαι ⟷ ἐνδύσασθαι

δοῦλος ⟷ ἐλεύθερος
Ἐνδύσασθε!

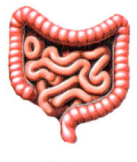

σπλάγχνα

---

1 παλαιός 'velho'
2 πρᾶξις 'ato, ação'
3 ἐνδύσασθαι AOR MÉD PTCP NOM M P 'vestir-se, revestir-se'
4 νέος 'novo'
5 ἀνακαινοῦσθαι PRES PAS PTCP ACC M S 'renovar'
6 κτίσαι AOR ATV PTCP GEN M S 'criar'
7 ἔνι 'há'
8 Ἕλλην 'Grego'
9 βάρβαρος 'Bárbaro'
10 Σκύθης 'Cita'
11 ἐλεύθερος 'livre'
12 ἐκλεκτός 'escolhido, eleito'
13 σπλάγχνα 'intestinos, partes internas, afeto' (metáfora para "coração")
14 οἰκτιρμός 'compaixão, piedade'
15 χρηστότης 'bondade, gentileza'
16 πραΰτης 'gentileza, humildade'
17 ἀνέχεσθαι PRES MÉD PTCP NOM M P 'suportar, sofrer'

μομφή   ἀνέχεσθαι

3P IMP:
βραβευέτω!
"Que a paz reine!"
ἐνοικείτω!
"Que a palavra
habite!"

τις πρός τινα ἔχῃ μομφήν·[1] καθὼς καὶ ὁ Κύριος ἐχαρίσατο ὑμῖν, οὕτως καὶ ὑμεῖς· **14** ἐπὶ πᾶσιν δὲ τούτοις τὴν ἀγάπην, ὅ ἐστιν σύνδεσμος τῆς τελειότητος.[2] **15** καὶ ἡ εἰρήνη τοῦ Χριστοῦ βραβευέτω[3] ἐν ταῖς καρδίαις ὑμῶν, εἰς ἣν καὶ ἐκλήθητε ἐν ἑνὶ σώματι· καὶ εὐχάριστοι[4] γίνεσθε. **16** Ὁ λόγος τοῦ Χριστοῦ ἐνοικείτω[5] ἐν ὑμῖν πλουσίως,[6] ἐν πάσῃ σοφίᾳ διδάσκοντες καὶ νουθετοῦντες ἑαυτούς, ψαλμοῖς[7] ὕμνοις[8] ᾠδαῖς[9] πνευματικαῖς ἐν τῇ χάριτι ᾄδοντες[10] ἐν ταῖς καρδίαις ὑμῶν τῷ Θεῷ· **17** καὶ πᾶν ὅ τι ἐὰν ποιῆτε ἐν λόγῳ ἢ ἐν ἔργῳ, πάντα ἐν ὀνόματι Κυρίου Ἰησοῦ, εὐχαριστοῦντες τῷ Θεῷ Πατρὶ δι᾽ αὐτοῦ.

18 Αἱ γυναῖκες, ὑποτάσσεσθε[11] τοῖς ἀνδράσιν ὡς

ἐνοικεῖν:
ἐν + οἰκεῖν

ᾄδειν < ᾠδή

ἐὰν + SUB

ὑποτάσσεσθε!

---

1 μομφή 'reclamação'
2 τελειότης 'perfeição, maturidade'
3 βραβεύειν PRES ATV IMP 3S 'ordenar, controlar'
4 εὐχάριστος 'agradecido'
5 ἐνοικεῖν PRES ATV IMP 3S 'residir em'
6 πλουσίως 'ricamente, abundantemente'
7 ψαλμός 'canto de adoração'
8 ὕμνος 'canto de adoração'
9 ᾠδή 'canto'
10 ᾄδειν PRES ATV PTCP NOM M P 'cantar'
11 ὑποτάσσεσθαι PRES MÉD IMP 2P 'sujeitar'

15

πικραίνεσθαι

γονεῖς = πατήρ/
μήτηρ

ἀγαπᾶτε!
μὴ πικραίνεσθε!
ὑπακούετε!
μὴ ἐρεθίζετε!

ἀθυμεῖν

κύριος ⟷ δοῦλος

ἐργάζεσθε!
ἐργάζεσθαι: κοπιᾶν

εἰδότες (PERF ATV
PTCP; εἰδέναι)

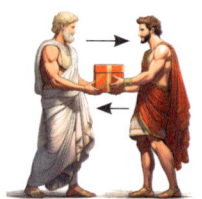

ἀπολαμβάνεσθαι

ἀνῆκεν[1] ἐν Κυρίῳ. **19** Οἱ ἄνδρες, ἀγαπᾶτε τὰς γυναῖκας καὶ μὴ πικραίνεσθε[2] πρὸς αὐτάς. **20** Τὰ τέκνα, ὑπακούετε[3] τοῖς γονεῦσιν[4] κατὰ πάντα, τοῦτο γὰρ εὐάρεστόν[5] ἐστιν ἐν Κυρίῳ. **21** Οἱ πατέρες, μὴ ἐρεθίζετε[6] τὰ τέκνα ὑμῶν, ἵνα μὴ ἀθυμῶσιν.[7]

ἐρεθίζειν

22 Οἱ δοῦλοι, ὑπακούετε κατὰ πάντα τοῖς κατὰ σάρκα κυρίοις, μὴ ἐν ὀφθαλμοδουλίαις[8] ὡς ἀνθρωπάρεσκοι,[9] ἀλλ᾽ ἐν ἁπλότητι[10] καρδίας φοβούμενοι τὸν Κύριον. **23** Ὃ ἐὰν ποιῆτε, ἐκ ψυχῆς ἐργάζεσθε[11] ὡς τῷ Κυρίῳ καὶ οὐκ ἀνθρώποις, **24** εἰδότες ὅτι ἀπὸ Κυρίου ἀπολήμψεσθε[12] τὴν ἀνταπόδοσιν[13] τῆς κληρονομίας.[14]

---

1 ἀνήκειν IMPF ATV IND 3S 'ser apropriado, adequado'
2 πικραίνεσθαι PRES PAS IMP 2P 'tornar amargo'
3 ὑπακούειν PRES ATV IMP 2P 'obedecer'
4 γονεύς 'pai, progenitor'
5 εὐάρεστος 'agradável, aceitável'
6 ἐρεθίζειν PRES ATV IMP 2P 'despertar ira, provocar'
7 ἀθυμεῖν PRES ATV SUB 3P 'desanimar, perder a coragem'
8 ὀφθαλμοδουλία 'serviço para ser visto'
9 ἀνθρωπάρεσκος 'agradar as pessoas'
10 ἁπλότης 'sinceridade'
11 ἐργάζεσθαι PRES MÉD IMP 2P 'trabalhar'
12 ἀπολαμβάνεσθαι FUT MÉD IND 2P 'receber, obter de volta'
13 ἀνταπόδοσις 'recompensa'
14 κληρονομία 'herança'

τῷ Κυρίῳ Χριστῷ δουλεύετε· **25** ὁ γὰρ ἀδικῶν[1] κομίσεται[2] ὃ ἠδίκησεν, καὶ οὐκ ἔστιν προσωπολημψία.[3]

4 Οἱ κύριοι, τὸ δίκαιον καὶ τὴν ἰσότητα[4] τοῖς δούλοις παρέχεσθε,[5] εἰδότες ὅτι καὶ ὑμεῖς ἔχετε Κύριον ἐν οὐρανῷ. **2** Τῇ προσευχῇ[6] προσκαρτερεῖτε,[7] γρηγοροῦντες[8] ἐν αὐτῇ ἐν εὐχαριστίᾳ, **3** προσευχόμενοι ἅμα[9] καὶ περὶ ἡμῶν, ἵνα ὁ Θεὸς ἀνοίξῃ ἡμῖν θύραν[10] τοῦ λόγου λαλῆσαι τὸ μυστήριον τοῦ Χριστοῦ, δι᾽ ὃ καὶ

δέδεσθαι

δέδεμαι,[11] **4** ἵνα φανερώσω αὐτὸ ὡς δεῖ με λαλῆσαι.

5 Ἐν σοφίᾳ περιπατεῖτε πρὸς τοὺς ἔξω τὸν καιρὸν ἐξαγοραζόμενοι.[12] **6** ὁ λόγος ὑμῶν πάντοτε ἐν χάριτι,

δουλεύετε!

παρέχεσθε!
προσκαρτερεῖτε!

θύρα

δεῖ + ACC + INF:
1) δεῖ με λαλῆσαι
2) δεῖ ὑμᾶς ἀποκρίνεσθαι

---

1 ἀδικεῖν PRES ATV PTCP NOM M S 'prejudicar, fazer o mal'
2 κομίσεσθαι FUT MÉD IND 3S 'recuperar, receber de volta'
3 προσωπολημψία 'parcialidade'
4 ἰσότης 'eqüidade'
5 παρέχεσθαι PRES MÉD IMP 2P 'suprir, prover'
6 προσευχή 'oração'
7 προσκαρτερεῖν PRES ATV IMP 2P 'ser dedicado a'
8 γρηγορεῖν PRES ATV PTCP NOM M P 'estar alerta, vigiar'
9 ἅμα 'ao mesmo tempo'
10 θύρα 'porta'
11 δέδεσθαι PERF PAS IND 1S 'amarrar, vincular'
12 ἐξαγοράζεσθαι PRES MÉD PTCP NOM M S 'resgatar, comprar'

περιπατεῖτε!

ἅλατι:
DAT instrumental

ἅλατι[1] ἠρτυμένος,[2] εἰδέναι πῶς δεῖ ὑμᾶς ἑνὶ ἑκάστῳ ἀποκρίνεσθαι.

ἅλας →

ἠρτύσθαι

τὰ περὶ ἡμῶν:
As "coisas" concernentes a nós (ou seja, 'nossa situação')

συναιχμάλωτος

δέξασθε!

7 Τὰ κατ᾽ ἐμὲ πάντα γνωρίσει ὑμῖν Τυχικὸς[3] ὁ ἀγαπητὸς ἀδελφὸς καὶ πιστὸς διάκονος καὶ σύνδουλος ἐν Κυρίῳ, **8** ὃν ἔπεμψα πρὸς ὑμᾶς εἰς αὐτὸ τοῦτο, ἵνα γνῶτε τὰ περὶ ἡμῶν καὶ παρακαλέσῃ τὰς καρδίας ὑμῶν, **9** σὺν Ὀνησίμῳ[4] τῷ πιστῷ καὶ ἀγαπητῷ ἀδελφῷ, ὅς ἐστιν ἐξ ὑμῶν· πάντα ὑμῖν γνωρίσουσιν τὰ ὧδε. **10** Ἀσπάζεται ὑμᾶς Ἀρίσταρχος[5] ὁ συναιχμάλωτός[6] μου καὶ Μᾶρκος[7] ὁ ἀνεψιὸς[8] Βαρνάβα[9] περὶ οὗ ἐλάβετε ἐντολάς, ἐὰν ἔλθῃ πρὸς ὑμᾶς, δέξασθε αὐτόν **11** καὶ Ἰησοῦς ὁ λεγόμενος Ἰοῦστος,[10] οἱ ὄντες ἐκ περιτομῆς, οὗτοι μόνοι

---

1 ἅλας 'sal'
2 ἠρτύσθαι PERF PAS PTCP NOM M S 'temperar' (com sal)
3 Τυχικός 'Tíquico'
4 Ὀνήσιμος 'Onésimo'
5 Ἀρίσταρχος 'Aristarco'
6 συναιχμάλωτος 'companheiro de prisão'
7 Μᾶρκος 'Marcos'
8 ἀνεψιός 'primo'
9 Βαρναβᾶς 'Barnabé'
10 Ἰοῦστος 'Justo'

συνεργοὶ[1] εἰς τὴν βασιλείαν τοῦ Θεοῦ, οἵτινες ἐγενήθησάν μοι παρηγορία.[2] **12** Ἀσπάζεται ὑμᾶς Ἐπαφρᾶς ὁ ἐξ ὑμῶν, δοῦλος Χριστοῦ Ἰησοῦ, πάντοτε ἀγωνιζόμενος ὑπὲρ ὑμῶν ἐν ταῖς προσευχαῖς, ἵνα σταθῆτε τέλειοι καὶ πεπληροφορημένοι[3] ἐν παντὶ θελήματι τοῦ Θεοῦ. **13** μαρτυρῶ γὰρ αὐτῷ ὅτι ἔχει πολὺν πόνον[4] ὑπὲρ ὑμῶν καὶ τῶν ἐν Λαοδικείᾳ καὶ τῶν ἐν Ἱεραπόλει.[5] **14** Ἀσπάζεται ὑμᾶς Λουκᾶς[6] ὁ ἰατρὸς[7] ὁ ἀγαπητὸς καὶ Δημᾶς.[8]

15 Ἀσπάσασθε τοὺς ἐν Λαοδικείᾳ ἀδελφοὺς καὶ Νύμφαν[9] καὶ τὴν κατ' οἶκον αὐτῆς ἐκκλησίαν. **16** Καὶ ὅταν ἀναγνωσθῇ[10] παρ' ὑμῖν ἡ ἐπιστολή,[11] ποιήσατε

παρηγορία

πόνος: κοπιᾶν/ ἐργάζεσθαι

Ἀσπάσασθε!

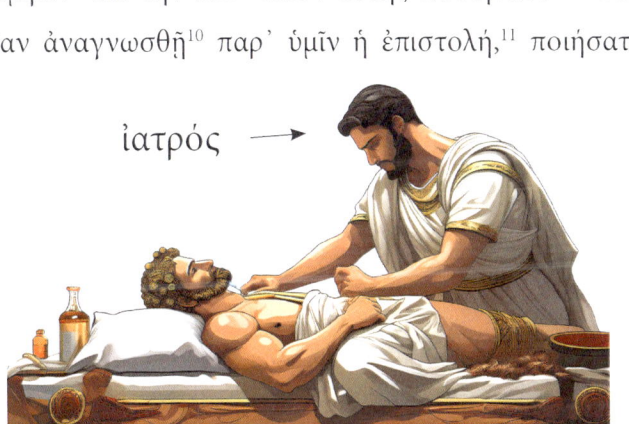
ἰατρός →

---

1 συνεργός 'colega de trabalho'
2 παρηγορία 'conforto, consolo'
3 πεπληροφορηκέναι PERF PAS PTCP NOM M P 'convencer, plenamente'
4 πόνος 'trabalho duro, trabalho árduo'
5 Ἱεράπολις 'Hierápolis'
6 Λουκᾶς 'Lucas'
7 ἰατρός 'médico'
8 Δημᾶς 'Demas'
9 Νύμφαν 'Ninfa'
10 ἀναγνωσθῆναι AOR PAS SUB 3S 'ler'
11 ἐπιστολή 'carta'

ἐπιστολή

ἥν: τὴν διακονίαν

ποιήσατε!
εἴπατε!
Βλέπε!
Μνημονεύετέ!

ἀναγνωσθῆναι

ἵνα καὶ ἐν τῇ Λαοδικέων[1] ἐκκλησίᾳ ἀναγνωσθῇ, καὶ τὴν ἐκ Λαοδικείας ἵνα καὶ ὑμεῖς ἀναγνῶτε. **17** Καὶ εἴπατε Ἀρχίππῳ·[2] Βλέπε τὴν διακονίαν[3] ἥν παρέλαβες ἐν Κυρίῳ, ἵνα αὐτὴν πληροῖς.

18 Ὁ ἀσπασμὸς[4] τῇ ἐμῇ χειρὶ Παύλου. Μνημονεύετέ[5] μου τῶν δεσμῶν.[6] Ἡ χάρις μεθ᾽ ὑμῶν.

---

1 Λαοδικεύς ʽLaodicéiaʼ
2 Ἄρχιππος ʽArquipoʼ
3 διακονία ʽministério, serviçoʼ
4 ἀσπασμός ʽsaudaçãoʼ
5 μνημονεύειν PRES ATV IMP 2P ʽlembrarʼ
6 δεσμός ʽvínculo, algemaʼ

Dicionário De Imagens

πατήρ

προσεύχεσθαι

ἀκοῦσαι

ἀγάπη

ἀπόκεισθαι

οὐρανοί

1.6

κόσμος

1.6

καρποφορεῖσθαι

1.6

αὐξάνεσθαι

1.7

μαθεῖν

1.7

σύνδουλος

1.9

αἰτεῖσθαι

1.9

πληρωθῆναι

1.10

περιπατῆσαι

1.11

κράτος

1.11

χαρά

1.12/1.13

φῶς/σκότος

1.13

ῥύσασθαι

1.13 βασιλεία

1.15 εἰκών

1.16 γῆ

1.16 θρόνος

1.18 κεφαλή

1.18 σῶμα

1.18

νεκρός

1.20

ἀποκαταλλάξαι

1.20

αἷμα

1.20

σταυρός

1.21

ἀπηλλοτρίωσθαι

1.21

ἐχθρός

1.24

ἀνταναπληροῦν

1.26

ἀποκεκρύφθαι

1.26

φανερωθῆναι

1.27

πλοῦτος: θησαυρός

1.28

καταγγέλλειν

1.28

νουθετεῖν

1.28

διδάσκειν

1.29

κοπιᾶν

1.29

ἀγωνίζεσθαι > ἀγών

2.1

πρόσωπον

2.2

καρδία

2.2

συμβιβασθῆναι

2.4

πιθανολογία

2.6

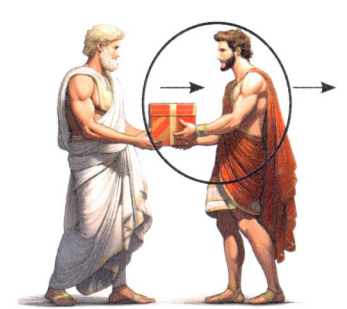

παραλαβεῖν

2.7

ἐρριζῶσθαι

2.7

ἐποικοδομεῖσθαι

2.8

συλαγωγεῖν

2.11

ἀπέκδυσις

2.12

συνταφῆναι

2.14

ἐξαλείψαι

2.14

προσηλῶσαι

2.15

δειγματίσαι

2.15

θριαμβεῦσαι

2.16

κρίνειν

βρῶσις

πόσις

ἑορτή

σκιά

κρατεῖν

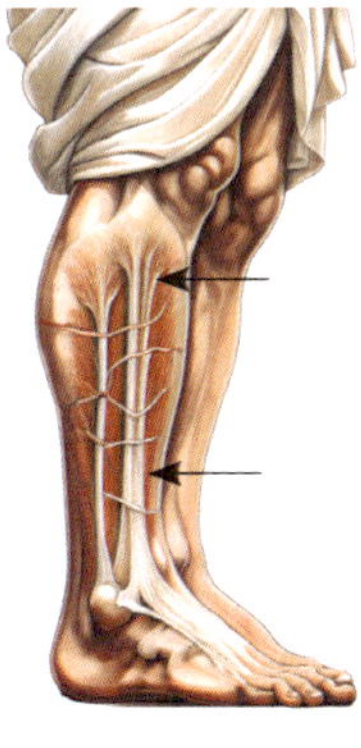

ἁφή

2.19

σύνδεσμος

2.19

αὔξησις
Veja αὐξάνεσθαι 1.6

2.21

ἅψασθαι: θιγεῖν

2.21

γεύσασθαι

3.1

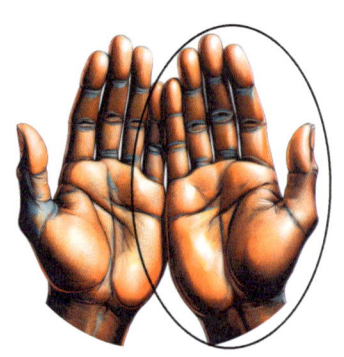

δεξιά

3.1

καθῆσθαι

3.2 ἄνω

3.2 φρονεῖν

3.5 νεκρῶσαι

3.7/3.8 ὀργή: θυμός

3.8 στόμα

3.9 ψεύδεσθαι

3.9

παλαιός

3.11

δοῦλος

3.12

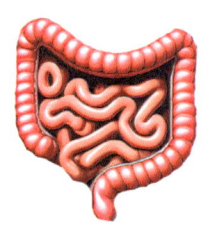

σπλάγχνα

3.13

μομφή

3.13

ἀνέχεσθαι

3.16

ψαλμός, ὕμνος, ᾠδή

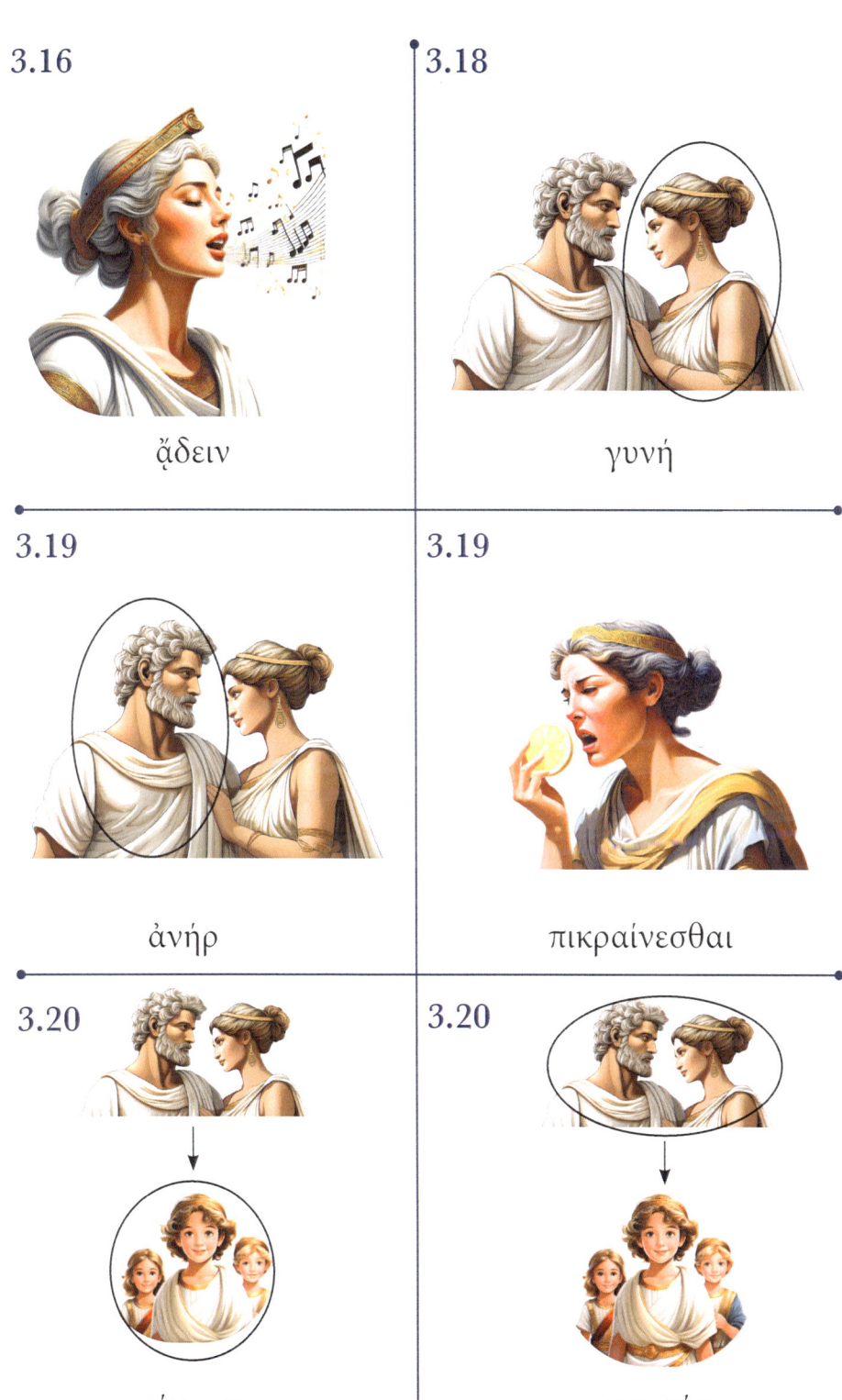

3.16

ᾄδειν

3.18

γυνή

3.19

ἀνήρ

3.19

πικραίνεσθαι

3.20

τέκνον

3.20

γονεύς

3.21

ἐρεθίζειν

3.21

ἀθυμεῖν

3.22

φοβεῖσθαι

3.24

ἀπολαμβάνεσθαι

4.2

γρηγορεῖν

4.3

θύρα

4.3

ἀνοῖξαι

4.3

λαλῆσαι

4.3

δέδεσθαι

4.6

ἅλας

4.6

ἤρτυσθαι

4.8

παρακαλέσαι

4.10

Ἀσπάζεσθαι

4.10

συναιχμάλωτος

4.11

παρηγορία

4.14

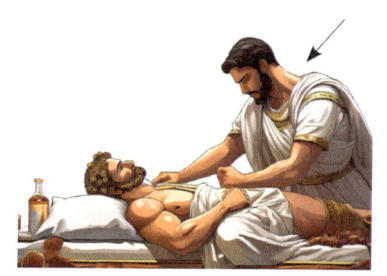

ἰατρός

4.16

ἀναγνωσθῆναι

4.16

ἐπιστολή

Glossário

Capítulo 1

1.1 **Τιμόθεος**, Timóteo
1.2 **Κολοσσαί**, Colossos
1.3 **εὐχαριστεῖν**, dar graças
    πάντοτε, sempre
1.5 **ἀπόκεισθαι**, reservar (um objeto
    valioso)
    προακοῦσαι, escutar de antemão
1.6 **παρεῖναι**, estar presente
    καρποφορεῖσθαι, dar frutos
    αὐξάνεσθαι, crescer, aumentar
    ἐπιγνῶναι, conhecer
1.7 **μαθεῖν**, aprender
    Ἐπαφρᾶς, Epafras
    σύνδουλος, conservo, aquele que
    serve juntamente
    διάκονος, servo, escravo
1.8 **δηλῶσαι**, revelar, fazer evidente
1.9 **παύεσθαι**, cessar, parar
    ἐπίγνωσις, conhecimento
    σύνεσις, percepção, compreensão
    πνευματικός, espiritual
1.10 **ἀξίως**, dignamente
    ἀρεσκεία, agradável
1.11 **δυναμοῦσθαι**, habilitar
    κράτος, poder
    ὑπομονή, perseverança
    μακροθυμία, paciência
1.12 **ἱκανῶσαι**, qualificar
    μερίς, parte, porção
    κλῆρος, herança
1.13 **ῥύσασθαι**, resgatar, livrar
    σκότος, escuridão
    μεταστῆσαι, mover, transferir
1.14 **ἀπολύτρωσις**, redenção

ἄφεσις, perdão
1.15 **εἰκών**, imagem
    ἀόρατος, invisível, não visto
    πρωτότοκος, primogênito
    κτίσις, criação
1.16 **κτισθῆναι**, criar
    ὁρατός, visível
    κυριότης, senhorio, autoridade,
    domínio
1.17 **πρό**, antes
    συνεστάναι, colocar, estabelecer
    juntamente
1.18 **πρωτεύειν**, ser o primeiro, ter
    preeminência
1.19 **εὐδοκῆσαι**, estar satisfeito, contente
    πλήρωμα, plenitude
    κατοικῆσαι, habitar, residir
1.20 **ἀποκαταλλάξαι**, reconciliar
    εἰρηνοποιῆσαι, fazer as pazes
    σταυρός, cruz
1.21 **ποτέ**, uma vez, antigamente
    ἀπηλλοτρίωσθαι, alienar, tornar
    estranho
    ἐχθρός, inimigo
    διάνοια, mente, disposição
1.22 **νυνί**, agora
    παραστῆσαι, apresentar
    ἄμωμος, sem culpa
    ἀνέγκλητος, acima de censura, ir
    repreensível
    κατενώπιον, diante de (em frente
    de)
1.23 **γέ**, de fato
    ἐπιμένειν, permanecer, ficar
    τεθεμελίσθαι, estabelecer
    ἑδραῖος, firme, constante

μετακινεῖν, mover, remover

1.24 πάθημα, sofrimento
ἀνταναπληροῦν, preencher,
completar
ὑστέρημα, falta
θλῖψις, aflição

1.25 οἰκονομία, planejamento,
administração

1.26 μυστήριον, mistério
ἀποκεκρύφθαι, esconder
γενεά, geração
φανερωθῆναι, revelar

1.27 γνωρίσαι, fazer conhecido
πλοῦτος, riqueza, abundância

1.28 καταγγέλλειν, proclamar
νουθετεῖν, admoestar, instruir
τέλειος, perfeito, completo

1.29 κοπιᾶν, esforço, trabalho árduo
ἀγωνίζεσθαι, lutar
ἐνέργεια, energia, disposição
ἐνεργεῖσθαι, operar, ser ativo em
trabalho

Capítulo 2

2.1 ἡλίκος, quão grande
ἀγών, luta
Λαοδίκεια, Laodicéia

2.2 συμβιβασθῆναι, unir, reconciliar
πληροφορία, garantia, plena
convicção

2.3 θησαυρός, tesouro
γνῶσις, conhecimento
ἀπόκρυφος, escondido

2.4 παραλογίζεσθαι, enganar, iludir
πιθανολογία, discurso persuasivo

2.5 ἀπεῖναι, estar ausente
τάξις, ordem
στερέωμα, firmeza

2.6 παραλαβεῖν, receber, tomar

2.7 ἐρριζῶσθαι, estar firmemente

enraizado
ἐποικοδομεῖσθαι, ser edificado
βεβαιοῦσθαι, estabelecer, confirmar
περισσεύειν, abundar
εὐχαριστία, ação de graças, gratidão

2.8 συλαγωγεῖν, levar cativo
φιλοσοφία, filosofia
κενός, vazio, fútil
ἀπάτη, engano
παράδοσις, tradição
στοιχεῖον, elementos, espíritos
elementares

2.9 θεότης, divindade
σωματικῶς, relacionado ao corpo,
corporalmente

2.11 περιτμηθῆναι, circuncidar
περιτομή, circuncisão
ἀχειροποίητος, não feito à mão
ἀπέκδυσις, remoção, despimento

2.12 συνταφῆναι, enterrar com
βαπτισμός, mergulho, imersão
(uma cerimônia religiosa formal)
συνεγερθῆναι, ser erguido
juntamente (ressucitar com)

2.13 παράπτωμα, pecado, transgressão
ἀκροβυστία, incircuncisão
συζωοποιῆσαι, fazer vivo junto
com
χαρίσασθαι, perdoar, mostrar
perdão

2.14 ἐξαλεῖψαι, limpar, destruir
χειρόγραφον, registro de dívidas
δόγμα, decreto, ordenança
ὑπεναντίος, oposto, hostil
προσηλῶσαι, pregar, fixar

2.15 ἀπεκδύσασθαι, desarmar, despojar
δειγματίσαι, fazer exibição,
expor como exemplo
παρρησία, confiança, bravura
θριαμβεῦσαι, triunfar sobre (liderar
em procissão triunfal)

2.16 βρῶσις, comida
πόσις, bebida
μέρος, parte, categoria
ἑορτή, festa, festival
νεομηνία, lua nova

2.17 σκιά, sombra

2.18 καταβραβεύειν, condenar
ταπεινοφροσύνῃ, humildade
θρησκεία, religião, adoração
ἐμβατεύειν, entrar em detalhes
εἰκῇ, sem propósito, sem causa
φυσιοῦν, fazer orgulhoso, inchar
νοῦς, mente

2.19 κρατεῖν, posse, retenção
ἁφή, ligamento
σύνδεσμος, vínculo, algema
ἐπιχορηγεῖσθαι, suprir
αὔξησις, crescimento

2.20 δογματίζεσθαι, sujeitar

2.21 ἅψασθαι, tocar, manusear
γεύσασθαι, provar (comida, bebida)
θιγεῖν, tocar

2.22 φθορά, corrupção, destruição
ἀπόχρησις, consumo, esgotamento
ἔνταλμα, mandamento
διδασκαλία, instrução

2.23 ἐθελοθρησκία, religião autônoma,
adoração de si mesmo
ἀφειδία, tratamento sem piedade
πλησμονή, indulgência, satisfação

Capítulo 3

3.1 ἄνω, acima
οὗ, onde

3.2 φρονεῖν, pensar, racionar de certa
maneira

3.3 κεκρύφθαι, esconder

3.5 νεκρῶσαι, matar
μέλος, membro
πορνεία, imoralidade sexual

ἀκαθαρσία, impureza
πάθος, paixão
ἐπιθυμία, desejo, anelo
πλεονεξία, ganância
εἰδωλολατρία, idolatria

3.6 ὀργή, ira
ἀπείθεια, desobediência

3.8 ἀποθέσθαι, afastar, colocar de lado
θυμός, raiva
κακία, maldade, malícia
βλασφημία, blasfêmia
αἰσχρολογία, linguagem chula,
discurso obsceno

3.9 ψεύδεσθαι, mentir
παλαιός, velho
πρᾶξις, ato, ação

3.10 ἐνδύσασθαι, vestir-se, revestir-se
νέος, novo
ἀνακαινοῦσθαι, renovar
κτίσαι, criar

3.11 ἔνι, há
Ἕλλην, Grego
βάρβαρος, Bárbaro
Σκύθης, Cita
ἐλεύθερος, livre

3.12 ἐκλεκτός, escolhido, eleito
σπλάγχνα, intestinos, partes inter
nas, afeto (metáfora para
"coração")
οἰκτιρμός, compaixão, piedade
χρηστότης, bondade, gentileza
πραΰτης, gentileza, humildade

3.13 ἀνέχεσθαι, suportar, sofrer
μομφή, reclamação

3.14 τελειότης, perfeição, maturidade

3.15 βραβεύειν, ordenar, controlar
εὐχάριστος, agradecido

3.16 ἐνοικεῖν, residir em
πλουσίως, ricamente,
abundantemente
ψαλμός, canto de adoração

ὕμνος, canto de adoração
ᾠδή, canto
ᾄδειν, cantar
3.18 ὑποτάσσεσθαι, sujeitar
ἀνήκειν, ser apropriado, adequado
3.19 πικραίνεσθαι, tornar amargo
3.20 ὑπακούειν, obedecer
γονεύς, pai, progenitor
εὐάρεστος, agradável, aceitável
3.21 ἐρεθίζειν, despertar ira, provocar
ἀθυμεῖν, desanimar, perder a coragem
3.22 ὀφθαλμοδουλία, serviço para ser visto
ἀνθρωπάρεσκος, agradar as pessoas
ἁπλότης, sinceridade
3.23 ἐργάζεσθαι, trabalhar
3.24 ἀπολαμβάνεσθαι, receber, obter de volta
ἀνταπόδοσις, recompensa
κληρονομία, herança
3.25 ἀδικεῖν, prejudicar, fazer o mal
κομίσεσθαι, recuperar, receber de volta
προσωπολημψία, parcialidade

Capítulo 4

4.1 ἰσότης, eqüidade
παρέχεσθαι, suprir, prover
4.2 προσευχή, oração
προσκαρτερεῖν, ser dedicado a
γρηγορεῖν, estar alerta, vigiar
4.3 ἅμα, ao mesmo tempo
θύρα, porta
δέδεσθαι, amarrar, vincular
4.5 ἐξαγοράζεσθαι, resgatar, comprar
4.6 ἅλας, sal
ἤρτυσθαι, temperar (com sal)
4.7 Τυχικός, Tíquico

4.9 Ὀνήσιμος, Onésimo
Ἀρίσταρχος, Aristarco
4.10 συναιχμάλωτος, companheiro de prisão
Μᾶρκος, Marcos
ἀνεψιός, primo
Βαρναβᾶς, Barnabé
4.11 Ἰοῦστος, Justo
συνεργός, colega de trabalho
παρηγορία, conforto, consolo
4.12 πεπληροφορηκέναι, convencer plenamente
4.13 πόνος, trabalho duro, trabalho árduo
Ἱεράπολις, Hierápolis
4.14 Λουκᾶς, Lucas
ἰατρός, médico
Δημᾶς, Demas
4.15 Νύμφαν, Ninfa
4.16 ἀναγνωσθῆναι, ler
ἐπιστολή, carta
Λαοδικεύς, Laodicéia
4.17 Ἄρχιππος, Arquipo
διακονία, ministério, serviço
4.18 ἀσπασμός, saudação
μνημονεύειν, lembrar
δεσμός, vínculo, algema

O ministério Lingua Deo Gloria existe para servir ao povo de Deus por meio da produção de materiais das línguas bíblicas para a Igreja global. Essas ferramentas de entrada compreensíveis auxiliam pastores e leigos em seu estudo das Escrituras. Todas as nossas obras, inclusive este livro, estão disponíveis para download gratuito em PDF em nosso site LinguaDeoGloria.com. Entre essas obras estão dois livros ilustrados para crianças, um em grego bíblico e outro em hebraico bíblico. Incentivamos as famílias a fazer o download desses livros e imprimi-los em casa para que possam se divertir aprendendo grego e hebraico juntos. Esses livros também estão disponíveis para compra a preço de custo em todos os principais varejistas de livros on-line (Amazon, Barnes and Noble, etc.).

INSTRUÇÃO GRATUITA DE HEBRAICO AO VIVO

Outro de nossos ministérios gratuitos é o ensino de hebraico bíblico. Até que tenhamos uma base suficientemente grande de doadores, as vagas são limitadas. No entanto, você pode entrar em contato conosco pelo e-mail admin@linguadeogloria.com para ver se há vagas abertas em nossos cursos on-line de hebraico de 12 semanas. Nossos cursos geralmente se alinham com os calendários acadêmicos de faculdades e universidades. Se você gostaria de ver mais vagas abertas no futuro para outras pessoas, agradecemos as doações.

Se você gostar deste livro e achar que ele é útil para você e para outras pessoas no aprendizado do hebraico, nós o incentivamos a apoiar financeiramente nosso trabalho por meio de nossa plataforma de doações on-line ou pelo correio. Disponibilizamos todos os nossos produtos para download gratuito em PDF em nosso site (LinguaDeoGloria.com) e vendemos nossos livros impressos a preço de custo para manter os preços o mais baixo possível para os cristãos de todo o mundo que desejam aprender a Palavra de Deus em seus idiomas originais. Esses trabalhos gratuitos levam um tempo considerável para serem concluídos. Ficaríamos muito gratos se você fizesse uma parceria financeira conosco para apoiar mais obras como essas. Seu apoio nos dará mais tempo para produzir esses materiais a serem distribuídos gratuitamente para muitas pessoas em todo o mundo. Esse será sempre um serviço gratuito para a Igreja do Senhor Jesus Cristo.

Se você deseja manter-se atualizado quanto aos materiais em que estamos trabalhando ou saber mais sobre projetos lançados recentemente, você pode se inscrever em nosso site para receber atualizações periódicas por e-mail. Esses e-mails não serão spam. Você ficará sabendo de tudo o que estamos lançando gratuitamente para o público.

ERROS E CORREÇÕES

Se encontrar algum erro neste livro, entre em contato conosco diretamente em nosso endereço de e-mail. Ficaremos felizes em receber seus comentários e melhorar este livro para a Igreja global. Sua parceria conosco no aperfeiçoamento destas obras é valiosa!

Sawyer Moranville recebeu o título de Mestre em Divindade do Seminário Teológico Batista do Sul em Louisville, Kentucky. Depois de se formar, ele se mudou para Jerusalém com sua esposa para estudar hebraico clássico e moderno. Lá, obteve um mestrado em hebraico clássico pelo Institute for Biblical Languages and Translation (atualmente, The Whole Word Institute). Ao retornar aos Estados Unidos, ele fundou o Lingua Deo Gloria Ministries, uma organização sem fins lucrativos 501(c)(3) dedicada à produção de materiais linguísticos bíblicos gratuitos para a Igreja global e ao ensino gratuito de hebraico bíblico para cristãos, tanto on-line quanto pessoalmente. Ele também trabalha para a Graterford Bible Fellowship Church, localizada na área metropolitana da Filadélfia.

Anderson Oliveira é um ministro ordenado pela Igreja Presbiteriana do Brasil. Atualmente reside em Grand Rapids, Michigan, com sua esposa Rayane e sua filha Alice como aluno do doutorado em Antigo Testamento no Puritan Reformed Theological Seminary, tendo já obtido um MDiv pela mesma instituição. Como um bom nerd de línguas, ele passa boa parte do seu tempo livre lendo e estudando línguas modernas e antigas. Seu interesse em especial são as línguas bíblicas e ele está sempre compartilhando com sua esposa algo das línguas bíblicas nos seus devocionais em família. Um de seus maiores desejos é o de promover um ensino das línguas bíblicas para a igreja brasileira de qualidade e acessível para que outros possam também provar e se deleitar desse maravilhoso presente que Deus nos deu: sua revelação em Hebraico, Aramaico e Grego.